www.kidkiddos.com
Copyright ©2013 by S.A. Publishing ©2017 KidKiddos Books Ltd.
support@kidkiddos.com

All rights reserved. No part of this book may be reproduced in any form or by any electronic or mechanical means, including information storage and retrieval systems, without written permission from the publisher, except in the case of a reviewer, who may quote brief passages embodied in critical articles or in a review.
First edition, 2020

Translated from English by Margarida Madeira
Traduzido do inglês por Margarida Madeira
Portuguese editing by Dália Rodrigues
Revisão portuguesa por Dália Rodrigues

Library and Archives Canada Cataloguing in Publication
I Love to Sleep in My Own Bed (English Portuguese Bilingual Edition)/ Shelley Admont
ISBN: 978-1-5259-2027-1 paperback
ISBN: 978-1-5259-2028-8 hardcover
ISBN: 978-1-5259-2026-4 eBook

Please note that the Portuguese and English versions of the story have been written to be as close as possible. However, in some cases they differ in order to accommodate nuances and fluidity of each language.

For those I Love the Most

Para aqueles que Eu Mais Amo

Jimmy, a little bunny, lived with his family in the forest. He lived in a beautiful house with his mom, dad, and two older brothers.

Jimmy, um pequeno coelhinho, vivia com a sua família na floresta. Ele vivia numa linda casa com a sua mãe, o seu pai e os seus irmãos mais velhos.

Jimmy didn't like to sleep in his own bed. One night, he brushed his teeth and before going to bed, he asked his mom, "Mom, can I sleep in your bed with you? I really don't like sleeping in my bed alone."

O Jimmy não gostava de dormir na sua própria cama. Numa certa noite, ele escovou os dentes e, antes de ir para a cama, perguntou à sua mãe:
— Mãe, posso dormir na tua cama contigo? Eu não gosto mesmo nada de dormir na minha cama sozinho.

"Sweetie," said Mom, "everyone has his own bed, and your bed suits you just right."

— Querido, — disse a mãe, — toda a gente tem a sua própria cama, e a tua é adequada para ti.

"But, Mom, I don't like my bed at all," answered Jimmy. "I want to sleep in your bed."

— Mas, Mãe, eu não gosto mesmo nada da minha cama. — Respondeu o Jimmy. — Quero dormir na tua cama.

"Let's do this," said Mom, "you get into your bed, and I'll hug you, tuck you in, and read you and your brothers a story. Then, I'll give you a kiss and sit with you until you fall asleep."

— Vamos fazer assim: — disse a Mãe, — tu vais para a tua cama, e eu vou abraçar-te, aconchegar-te e ler-te uma história a ti e aos teus irmãos. Depois, dou-te um beijinho e sento-me contigo até adormeceres.

Mom hugged Jimmy and read a bedtime story to her three children.

A Mãe abraçou o Jimmy e leu uma história de embalar aos seus três filhos.

During the story, the children fell asleep. Mom gave all of them a goodnight kiss and went to sleep in her bed in her room.

Durante a história, os filhos adormeceram. A Mãe deu a todos eles um beijo de boa noite e foi dormir para a sua cama, no seu quarto.

In the middle of the night, Jimmy woke up. He sat up in bed, looked around, and saw that Mom wasn't next to him.

A meio da noite, o Jimmy acordou. Sentou-se na cama, olhou à sua volta e viu que a Mãe não estava ao seu lado.

Then, he got out of bed, took his pillow and blanket, and sneaked quietly into Mom and Dad's room. Jimmy got into their bed, hugged Mom, and fell asleep.

Depois, levantou-se da cama, pegou na sua almofada e no seu cobertor, e esgueirou-se silenciosamente para o quarto da Mãe e do Pai. O Jimmy meteu-se dentro da cama deles, abraçou a Mãe e adormeceu.

The next night, Jimmy woke up again. He took his pillow and blanket, and tried to leave the room like the night before. But just then, his middle brother woke up.

Na noite seguinte, o Jimmy acordou outra vez. Pegou na sua almofada e no seu cobertor e tentou sair do quarto como na noite anterior. Mas, nesse momento, o seu irmão do meio acordou.

"Jimmy, where are you going?" he asked.

— Jimmy, onde vais? — Perguntou ele.

"Ah, ahh...," Jimmy stuttered, "nowhere. Go back to sleep."

— Ah, ahh..., — gaguejou o Jimmy, — a lado nenhum. Volta a dormir.

Jimmy quickly ran to his mom and dad's room. He sneaked into their bed and pretended to sleep.

O Jimmy correu rapidamente para o quarto do pai e da mãe. Enfiou-se na cama deles e fingiu estar a dormir.

But his middle brother was wide awake. When he discovered that Jimmy was sleeping in their mom and dad's bed, he was very upset.

Mas o seu irmão do meio estava bem acordado. Quando descobriu que o Jimmy estava a dormir na cama do pai e da mãe, ficou muito chateado.

So that's the way it is, is it? he thought. *If Jimmy is allowed, then I want to also.* With that, he got into their parents' bed as well!

Com que então é assim, não é? pensou ele. Se o Jimmy pode, então eu também quero. Então, ele também foi para a cama dos pais!

Mom heard the strange noises, opened her eyes, and saw the two children in bed. She made room for them in the bed, by making do with a small corner of the bed for herself.

A mãe ouviu os barulhos estranhos, abriu os olhos e viu as duas crianças na cama. Ela arranjou espaço para eles na cama, ficando apenas com um cantinho da cama para si.

Again, they slept like that the whole night until the morning.

Mais uma vez, dormiram assim toda a noite, até de manhã.

On the third night, the same thing happened. Jimmy woke up, took his pillow and blanket, and went to his parents' room. His brother followed him again and got into their parents' bed together with his pillow and blanket.

Na terceira noite, aconteceu o mesmo. O Jimmy acordou, pegou na sua almofada e no seu cobertor e foi para o quarto dos pais. O seu irmão seguiu-o novamente e foi para a cama dos pais com a sua almofada e o seu cobertor.

But this time, the oldest brother also woke up. *Something's not right here,* he thought to himself and followed his two younger brothers to Mom and Dad's room.

Mas, desta vez, o irmão mais velho também acordou. Algo aqui não está certo, pensou para si mesmo e seguiu os seus dois irmãos mais novos para o quarto da Mãe e do Pai.

When he saw his two brothers sleeping together with Mom and Dad, he was very jealous.

Quando viu os seus dois irmãos a dormirem com a Mãe e o Pai, ficou com muitos ciúmes.

I also want to sleep in Mom and Dad's bed, he thought and quietly jumped into the bed.

Eu também quero dormir na cama da Mãe e do Pai, pensou ele e, silenciosamente, saltou para a cama.

It was really uncomfortable. Mom and Dad didn't rest the whole night. Tossing and turning, they tried to find the most comfortable way to sleep.

Era muito desconfortável. A Mãe e o Pai não descansaram a noite toda. Às voltas na cama, tentaram encontrar a maneira mais confortável para dormir.

It wasn't easy for the little bunnies either. They turned over and over in the bed until it was almost morning.

Também não foi fácil para os pequenos coelhinhos. Deram voltas e voltas na cama quase até de manhã.

Then suddenly...Boom! ...Bang! ...the bed broke!
E, de repente,... Bum!... Bang!... a cama partiu-se!

"What happened?" Jimmy shouted as he woke up right away.
— O que é que aconteceu? — Gritou o Jimmy, que acordou imediatamente.

"What are we going to do now?" said Mom sadly.
— O que é que vamos fazer agora? — Disse a Mãe, com tristeza.

"We'll have to build a new bed," Dad announced. "After breakfast, we'll go to the forest and start working."
— Vamos ter de construir uma cama nova. — Anunciou o Pai. — Depois do pequeno-almoço, vamos à floresta e começamos a trabalhar.

After breakfast, the whole family went to the forest to build a new bed.

Depois do pequeno-almoço, a família toda foi para a floresta para construírem uma cama nova.

After a whole day's work, they had made a big, strong bed out of wood. The only thing left to do was decorate it.

Depois de um dia inteiro de trabalho, fizeram uma cama de madeira grande e forte. A única coisa que faltava fazer era decorá-la.

"We've decided to paint our bed brown," said Mom, "and while we're painting our bed, you can repaint your beds whatever colors you like."

— *Decidimos pintar a nossa cama de castanho — disse a Mãe — e, enquanto nós pintamos a nossa, vocês podem voltar a pintar as vossas das cores que quiserem.*

"I want blue," said the oldest brother with excitement and ran to paint his bed blue.

— *Eu quero azul! — Disse o irmão mais velho, com entusiasmo, e correu para pintar a sua cama de azul.*

"And I choose the color green," said the middle brother happily.

— *E eu escolho a cor verde. — Disse o irmão do meio, alegremente.*

Jimmy took the color red and the color yellow. He mixed the red with the yellow and made his favorite color...
orange!

*O Jimmy pegou na cor vermelha e na cor amarela. Misturou o vermelho com o amarelo e fez a sua cor favorita... **cor-de-laranja!***

He painted his bed orange and decorated it with red and yellow stars. There were big stars and middle-size stars and even very, very small stars.

Ele pintou a sua cama de cor-de-laranja e decorou-a com estrelas vermelhas e amarelas. Havia estrelas grandes, estrelas médias e até estrelas muito, muito pequeninas.

After he finished, he ran to Mom and proudly shouted, "Mom, look at my beautiful bed! I love my bed so much. I want to sleep in it every night."

Quando terminou, correu para a Mãe e gritou com orgulho:
— Mãe, olha para a minha linda cama! Gosto tanto da minha cama. Quero dormir nela todas as noites.

Mom smiled and gave Jimmy a big hug.

A Mãe sorriu e deu ao Jimmy um grande abraço.

Ever since then, Jimmy has slept in his orange bed every night.

A partir daí, o Jimmy dormiu na sua cama cor-de-laranja todas as noites.

Goodnight, Jimmy!
Boa noite, Jimmy!

www.ingramcontent.com/pod-product-compliance
Lightning Source LLC
Chambersburg PA
CBHW061130070526
44584CB00033B/4286